W0044262

Safiye Can
Poesie und Pandemie

Safiye Can

Poesie und Pandemie

Gedichte

Wallstein Verlag

Bibliografische Information der Deutschen Nationalbibliothek

Die Deutsche Nationalbibliothek verzeichnet diese
Publikation in der Deutschen Nationalbibliografie;
detaillierte bibliografische Daten sind im Internet über
http://dnb.d-nb.de abrufbar.

© Wallstein Verlag, Göttingen 2021
www.wallstein-verlag.de

Vom Verlag gesetzt aus der Stempel Garamond
Umschlaggestaltung: Eva Mutter (evamutter.com)
Gestaltung der Kapitelbilder: Eva Mutter
Druck und Verarbeitung: Hubert & Co, Göttingen

ISBN 978-3-8353-5008-3

*Sieh, darum will ich lieber Schweinehirt sein
auf Amagerbro und von den Schweinen
verstanden sein, als Dichter sein und
mißverstanden sein von den Menschen.*

Søren Kierkegaard
Entweder – Oder, Erster Teil, Diapsalmata

Einzeltäter

Ein Einzeltäter
nur ein Einzeltäter
ein Einzeltäter nur
noch ein Einzeltäter
noch ein Einzeltäter
und noch ein Einzeltäter
noch ein Einzeltäter
und noch ein Einzeltäter
noch ein Einzeltäter
und noch ein Einzeltäter
noch ein Einzeltäter
und noch ein Einzeltäter
nur ein Einzeltäter noch
nur noch ein Einzeltäter
und noch ein aller
letzter Einzeltäter
nur einer noch
wirklich
dann wird alles
wieder gut.

Der Zauberstab

I.

Ich wünschte niemand müsste weinen
wünschte kein Tier müsste leiden
wünschte mir einen Zauberstab
doch ich hab keinen.
Ich wünschte ich könnte alle Wunden heilen
jedes Kind beschützen durch Umarmen.

Ich wünschte ich hätte eine Wundertinktur
eine Art Zaubertrank gegen das Ungerechte
gegen Diskriminierung, all die Schmerzen
da draußen
doch hab ich keinen.

Ein Blumenmeer soll sich
auf jeden von uns entladen.

II.

Ich wünschte ich könnte jede Trauerwolke
mit der Hand vom Firmament
wegschiebenschiebenschieben
wünschte ich könnte mit einem Schnippen
alle Krankheiten auf ewig besiegen.

Jede Kanonenkugel und jede Patrone
jede Granate und jede Bombe wünschte ich
mit bloßer Hand einzufangen.
Ich wünschte mir einen Zauberstab
vergebt mir
ich hab keinen.

III.

Ein Blumenmeer
soll sich auf jeden von uns entladenladenladen.

Ich wünschte niemand mehr
müsste Folter ertragentragentragen
ich wünschte mir einen Zauberstab
warum nur hab ich keinen?

Wir gehören zusammen

Wenn in Hanau eine türkische Mutter weint
um den Tod ihres Sohnes
weint eine deutsche Mutter mit
und sie sind sich nie begegnet.
Eine Mutter ist eine Mutter.
Wir sind eins
wir gehören zusammen.

Eine Frau ist verliebt in eine Frau
ein Mann verliebt in einen Mann.
Ja, und?
Liebe ist Liebe.
Wir sind eins
wir gehören zusammen.

Sie glaubt an Gott und betet
in Suren.
Er glaubt an Gott und betet
in Psalmen.
Na und?
Gott ist Gott.
Wir sind eins
wir gehören zusammen.

Musiker musizieren überall auf der Welt
Dichter dichten in verschiedenen Sprachen.
Wir sind die Bewohner dieser einen Erde
wir verschönern sie
oder gehen gemeinsam unter.
Wir sind eins
wir gehören zusammen.

Liebesschmerz ist immer Liebesschmerz
Hunger ist immer Hunger
Freudentränen sind immer Freudentränen
Gelenkschmerzen immer Gelenkschmerzen
Krebs ist immer Krebs
ein Lächeln immer ein Lächeln
Denn: Mensch ist Mensch.
Wir sind eins
wir gehören zusammen.

Europa auf dem Prüfstand

Der Flüchtlingsstrom bewegt
die große
Katastrophe, der Todeskampf.
Wohlstand
und Ruhm ohne Lieben
ist erstarrtes Leben.

Gemeinsam füreinander da sein
Glück
erstreben.

EUROPA
auf dem Prüfstand

Der Flüchtlingsstrom bewegt

Die große Katastrophe,
Der Todeskampf

Wohlstand und Ruhm ohne
Lieben
ist ERSTARRTES LEBEN.

Gemeinsam für einander da sein
Glück
erstreben.

Himmel auf Erden

Faszination für gähnende Tiere
für Eidechsen, Blütenstaub
torkelnde Babys
den Tag der Poesie.
Verstehe eine beeindruckende Welt
lerne von der Natur
lerne
LIEBE.

Himmel auf Erden

Faszination für gähnende Tiere

für Eidechsen, ## Blütenstaub

torkelnde Babies

DEN **Tag der Poesie**

VERSTEHE eine *beeindruckende* WELT

lerne Von der Natur

lerne

LIEBE*

Morning World

Alles ist möglich
alles, was du willst
mit Windlicht für dunkle Tage
sei mutig
verträumt, empathisch
der Weg ist das Ziel.

Auf!
Grüner wird's nicht!

MORNING WORLD

Alles ist möglich

ALLES was Du willst

MIT WINDLICHT

. FÜR DUNKLE TAGE

SEI MUTIG

Verträumt   Empathisch

. DER WEG IST DAS ZIEL

Auf !

Grüner wird's nicht!

»An fast jedem dritten Tag wird in Deutschland eine Frau von ihrem Partner oder Ex-Partner getötet.« Das sagte Bundesfamilienministerin Franziska Giffey am Dienstag in Berlin bei der Vorstellung der kriminalstatistischen Auswertung des Bundeskriminalamts (BKA) zur Partnerschaftsgewalt. Alle 45 Minuten werde – statistisch gesehen – eine Frau Opfer vollendeter oder versuchter gefährlicher Körperverletzung durch Gewalt in der Partnerschaft.

FAZ, 10.11.2020

Wenn du eine Frau bist

Wenn du eine Frau bist, wirst du Gewalt erfahren
Wenn du eine Frau bist, bist du ein Sexobjekt
Wenn du eine Frau bist, wirst du diskriminiert
Wenn du eine Frau bist, deckst du den Tisch
Wenn du eine Frau bist, bekommst du weniger Lohn

Wenn du eine Frau bist und man will dich beleidigen,
    bist du eine Hure
Wenn du eine Frau bist und man will deinen Sohn
    beleidigen, bist du eine Hure
Wenn du eine Frau bist, bist du eine Hure,
    wenn du ihn verlässt
Wenn du eine Frau bist, bist du eine Hure,
    wenn du nicht mit ihm schläfst
Wenn du eine Frau bist und du schläfst mit ihm,
    bist du eine Hure
Wenn du eine Hure bist, bist du keine Frau

Wenn du eine Frau bist, wird dein Nein
    in Frage gestellt
Wenn du eine Frau bist, wirst du in Kriegen
    vergewaltigt
Wenn du eine Frau bist, gehst du nachts
    nicht aus dem Haus
Wenn du eine Frau bist, hast du
    sexuelle Belästigung als Kompliment zu sehen
Wenn du eine Frau bist, sollst du schön sein
    und die Klappe halten

Wenn du eine Frau bist, sorge dafür,
  dass andere ihr Leben genießen
Wenn du eine Frau bist, hast du dich allein
  in Männer zu verlieben
Wenn du eine Frau bist, sind deine Chancen
  von Geburt an begrenzt
Wenn du eine Frau bist, ist dein Schicksal vorbestimmt
Wenn du eine Frau bist, nennen sie deine
  Wut Hysterie

Wenn du eine Frau bist und Single, bist du nicht normal
Wenn du eine Frau bist und keine Mutter,
  bist du nicht normal
Wenn du eine Frau bist und ungeschminkt,
  bist du nicht normal
Wenn du eine Frau bist und unverheiratet,
  bist du nicht normal
Wenn du eine Frau bist und nicht kochst,
  bist du nicht normal

Wenn du eine Frau bist, benutzt du Medikamente,
  die für Männer entwickelt werden
Wenn du eine Frau bist, zerbrich dein Köpfchen
  nicht über politische Angelegenheiten
Wenn du eine Frau bist mit Behinderung,
  wirst du nicht als Frau gesehen
Wenn du eine Frau bist, sollst du
  kein Menstruationsblut haben
Wenn du eine Frau bist, bist du ab dreißig alt
Wenn du eine Frau bist, gibt es kein Entkommen
  vor Ungerechtigkeit

Wenn du eine Frau bist, bewerten andere
  deinen Lebensstil
Wenn du eine Frau bist, hast du nicht über deinen
  Körper zu bestimmen
Wenn du eine Frau bist, behauptet man,
  dass eine Uhr in dir tickt (ein Mann hat keine Uhr!)
Wenn du eine Frau bist, hast du keinen Namen, Püppi

Wenn du eine Frau bist, stell dich nicht so an
Wenn du eine Frau bist, hab dich nicht so
Wenn du eine Frau bist, versteh doch Spaß
Wenn du eine Frau bist, sei keine Spielverderberin
Wenn du eine Frau bist, siehst du alles viel zu eng
Wenn du eine Frau bist und du fickst nicht drauflos,
  bist du prüde
Wenn du eine Frau bist, bist du eine Zicke
Wenn du eine Frau bist und für Gleichberechtigung,
  bist du ein Männerhasser

Wenn du eine Frau bist, hältst du die Familie zusammen
Wenn du eine Frau bist, bist du unglaubwürdig
Wenn du eine Frau bist, arbeitest du doppelt so hart
  ohne gleiche Anerkennung
Wenn du eine Frau bist, musste dein Wahlrecht
  erkämpft (und Opfer erbracht) werden
Wenn du eine Frau bist, müssen all deine
  Menschenrechte erkämpft werden

Wenn du eine Frau bist, wirst du erniedrigt, weil
Wenn du eine Frau bist, wirst du geschlagen, weil
Wenn du eine Frau bist, wirst du vergewaltigt, weil
Wenn du eine Frau bist, wirst du ermordet, weil

Wenn du ein Mann bist, kämpfst du für Frauenrechte.

Aussicht auf Leben und Gleichberechtigung

Frauen
kauft von Frauen
lest von Frauen
konsumiert von Frauen!
Frauen
lernt voneinander
wachst miteinander
steht zueinander!
Frauen
schließt euch zusammen
bildet eine Faust
werdet laut!
Frauen
erkennt eure Kraft
erkennt eure Macht.
Die Welt muss lila werden.

Die Welt. wird. lila. werden!

Alle Liebenden, mein Liebster

Nanatee

Wir haben nie Nanatee getrunken zusammen
insgesamt betrachtet
haben wir viel zu wenig getanzt.

Wir sind nie Rad gefahren zusammen
insgesamt betrachtet, hab ich dir viel zu wenig
die Nase zugehalten
um zu hören, wie du klingst beim Sprechen.

Wir haben uns viel zu wenig geküsst
auf Straßen.
Aber ab wann küsst es sich genug
wenn man einander liebt?

Seit letztem Jahr rauche ich nicht mehr
seit vielen Jahren bin ich Vegetarierin
und esse keine Eier.
Ich habe eine Pandemie ohne dich überlebt
schreckliche Naturkatastrophen
und rassistische Terroranschläge
ich habe dich ohne dich überlebt
und bin dennoch bei Verstand geblieben.

Im Sommer lackiere ich mir die Nägel fröhlichrot
im Herbst blauschwarz.
Vieles bleibt gleich beim Menschen
ich lache immer noch gerne und das laut.
Ich schäume über vor Liebe
zu allem, was Leben in sich trägt
was kein Leben in sich trägt.

Und ich will überall Liebe hinstreuen
wohin ich auch den Fuß setze
wohin ich auch nie hinkomme.
Ich könnte die ganze Welt umarmen
und will immerzu alles Leben
vor jedem Übel beschützen.
Geradezu nichts davon gelingt.

Wir haben nie Nanatee getrunken zusammen
und ich weiß
wir werden es nie nachholen.

Liebe zur Quarantäne-Zeit

Jetzt sitzt du in Wien
und ich in Offenbach
und wir können nicht zueinander fliegen
oder fahren mit dem Zug
selbst die letzte aller Möglichkeiten
die 15-Stunden-Fahrt mit dem FlixBus
ist nicht mehr möglich.
Und dass ich dir
am Frankfurter Hauptbahnhof glücklich zuwinke
und dass du mich
am Wiener Flughafen sehnsüchtig umarmst.
Die Grenzen sind zu
für alle Liebenden, mein Liebster
jedes Umarmen bleibt verboten
und wir dürfen nicht zueinander finden.

Was selbstverständlich sehr schade wäre
wenn wir uns nicht vorher schon
getrennt hätten.

Welch ein Glück.

Liebe zur Quarantäne-Zeit

II.

Jetzt sitzt du in Düsseldorf
und ich in Offenbach
und wir können nicht zueinander fahren
mit dem Auto oder Zug
selbst die längste aller Möglichkeiten
die Prophetengeduldsfahrt mit dem FlixBus
ist nicht mehr möglich.
Und dass ich dir
Ecke Schillerschule in die Arme laufe
und dass du mich
am Düsseldorfer Hauptbahnhof sehnlich erwartest.
Die Grenzen sind zu
für die Liebe, mein Liebster
jedes Umarmen bleibt verboten
und ich darf nicht zu dir finden.

Nicht weil die Welt dieser Tage
von der Pandemie betroffen ist
oder der Mindestabstand 2 Meter.
Sondern weil du mich
auch ganz ohne Pandemie und Quarantäne
einfach nicht willst.

Welch ein Unglück.

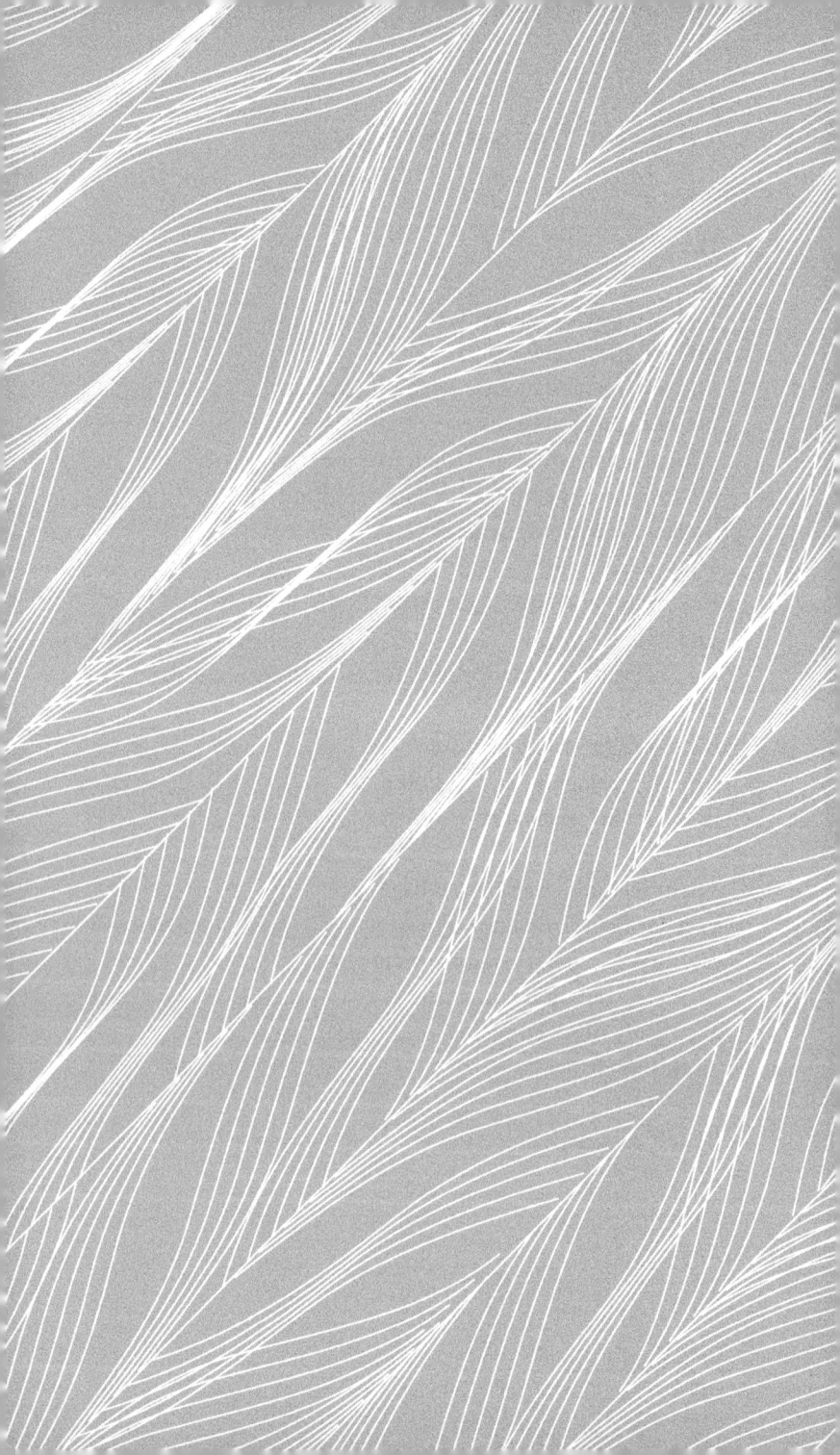

Poesie
und
PANDEMIE

Ende 2019 geht die Meldung durch die Welt, dass sich in der Stadt Wuhan Menschen infiziert haben.

Poesie und Pandemie

Wir haben in diesem Jahr gelernt
wie man sich die Hände wäscht.

Wir haben in diesem Jahr gelernt
was wichtig ist
nämlich die einfachsten, simplen Dinge
wie Mehl, Salz, Zucker, Seife
Natron, eine gute Handcreme
Essig, Kolonya
die Anwesenheit von Familienmitgliedern
die Stimme am anderen Ende der Leitung
Vitamine für die Abwehrkräfte
und das Einatmen frischer Luft.

Wir haben in diesem Jahr gelernt
dass man sich zu bedanken hat.
Bei Kassiererinnen
der Müllabfuhr, dem Busfahrer der Linie 102
den Kinderbetreuerinnen, der Reinigungskraft
jeder Fachkraft
die sich daran die Hände schmutzig macht
wofür sich andere zu fein sind.

Wir haben in diesem Jahr gelernt
dass man sich zu bedanken hat.
Bei der kleinen Bäckerei beispielsweise
die Gesundes produziert
die ins Gespräch kommt mit einem

die Virus-Kekse backt, um bei Laune zu halten
oder Toilettenpapier-Törtchen.
Und sonst ihren Existenzkampf
kämpft.

Wir haben dieses Jahr vielleicht gelernt
wen es zu schützen gilt
die kleinen, unabhängigen Läden
die den Charme einer Stadt mitgestalten
oder den eines Dorfes oder Vororts
oder einer Straße.
Und wen es nicht zu unterstützen gilt
nämlich Großkonzerne
die trotz reichlich Geld in diesen Tagen
keine Mieten oder Steuern zahlen
weil sie allein auf Profit getrimmt sind
jene, die niemandem etwas Gutes wollen
obwohl sie könnten.

Wir haben in diesem Jahr gelernt
dass der Notstand über Nacht kommt
unangemeldet
plötzlich da ist.
Eben hast du noch überlegt, welchen Lippenstift
du trägst
und schon ist Ausgangssperre.
Eben hast du noch den Fleck
auf dem Badezimmerspiegel beäugt
deine Brillengläser angehaucht
eben noch fiel dir eine Idee ein
hat dich jemand im Straßenverkehr angehupt

eben hast du noch
Kaffee auf die Tastatur verschüttet
und schon bist du Hauptdarsteller*in einer Pandemie.

Wir haben dieses Jahr hoffentlich verstanden
dass unser Verhalten etwas bedeutet
nämlich unser Überkonsum
gleichermaßen unser Boykott, unser Verzicht.

Wir haben dieses Jahr hoffentlich verstanden
dass es keiner Gesetze bedürfen sollte
damit wir Anstand zeigen.
Sondern wir uns
von uns selbst gewissenhaft verhalten
einfach nur, weil es so richtig ist.
Ganz ohne Debatten mit Für und Gegen
ohne Sanktionen oder staatliches Nahelegen
allein, weil es so richtig ist.

Wer selbst dieses Jahr nicht verstanden hat
dass man Angst und Leid nicht ausnutzen darf
Pandemien, Ausnahmezustände
nicht missbraucht werden dürfen
der wird nie rehabilitiert
wird es fortan auch nicht verstehen.

2.

Jeder Beruf hat Ehrenkodexe.
Wenn du ein Dieb bist
raubst du keinen alten Honda aus
wenn du in eine bedürftige Wohnung gestiegen bist
in der selbst der Kühlschrank weitgehend leer ist
nimmst du nichts mit und wenn machbar
hinterlässt du Geld.
Wer aus Habgier agiert, wer Krebsmittel streckt
der ist kein guter Geschäftsmann.
Wer dieses Jahr Desinfektionsmittel
Atemschutzmasken hortet
Vergriffenes, Lebensnotwendiges
ums Zigfache verkauft
der ist kein guter Geschäftsmann
der ist zu bemitleiden
der ist, 'tschuldigung, Abschaum.

Wir haben in diesem Jahr gelernt
was WHO bedeutet, nämlich
die Weltgesundheitsorganisation
und dass Alkohol ab 62 Prozent desinfizierend ist.
Wir haben in diesem Jahr überwiegend
das erste Mal gehört
vom BBK, dem Bundesamt für Bevölkerungsschutz
und Katastrophenhilfe.

Wir haben in diesem Jahr festgestellt
wer bei Rentnern vor der Tür steht
sie durch Infektions-Falschaussagen
durch Coronatest-Angaben ausraubt
wer ältere Menschen über Anrufe
um Ersparnisse bringt, indem er ihnen erzählt
das Kind liege im Krankenhaus mit Covid-19
das Kind müsse behandelt werden, sonst stürbe es
der ist kein guter Geschäftsmann
der ist, 'tschuldigung, Abschaum.

Wir haben in diesem Jahr gelernt
wie man sich die Hände wäscht
nämlich regelmäßig
immer vor und nach jedem Essen.
Und idealerweise mit reichlich Handgelenk.

Wir haben in diesem Jahr verstanden
dass wir Teil des Landes sind, in dem wir leben
dass wir ohne Wenn und Aber
ohne Prozentrechnung zu diesem Land gehören.
Und dass jeder Mensch, der mit uns
in diesem Land lebt, genauso Teil des Landes ist.

Wir haben in diesem Jahr
deutlich zu verstehen bekommen
dass die Menschheit ein einziges Volk ist
und zwar das Menschenvolk
ohne Über- und Unterkategorien
ohne Privatperson und Person öffentlichen Lebens
ohne Religionszugehörigkeiten

und dass ein Virus der Größe 120-160 Nanometer
klüger ist als alle Neonazis und Rassisten
zusammen.

3.

Wir haben in diesem Jahr verstanden
dass die einfachsten, flüchtigen Gespräche
etwas bedeuten
die am Kiosk, jene an der Haltestelle
der kurze Austausch mit dem Paketboten
die beiläufigen Empfehlungen der Friseure
und dass wir überleben können
ohne Shoppingmeilen
ohne Kurz- und Langstreckenflüge.

Wir haben in diesem Jahr
den Song *Love & Hate* mit neuem Text gehört
vom Kardiologenteam der München Klinik.
Als brächten sie ihr Leben nicht ohnehin in Gefahr
schickten sie positive Energie, nahmen uns die Angst
weil wir sie im Krankenhaus spielen und singen sahen.
Denn wenn jemand singt und spielt
denken wir Menschen
kann die Situation nicht allzu lebensbedrohlich
die Lage ja nicht allzu schlimm sein.

Dieses Jahr wurde in allen Sprachen
und Religionen
das Gleiche ausgesprochen:
Lieber Gott, rette die Welt vom Virus
schütze unser aller Leben.

Wir haben gelernt, wie schön es ist: das Miteinander
durch die Abstinenz, die wir erst einmal
erfahren mussten.
Wir haben gelernt, was Social Distancing bedeutet
nämlich der Sicherheitsabstand von Mensch zu Mensch
ein-pferdelang.

Wir haben in diesem Jahr verstanden
dass Bewegung wichtiger ist
als wir es uns erträumten
und dass wir durch Bewegungslosigkeit
und Zuhausesitzen krank wurden.

Wir haben in diesem Jahr gelernt
wie wichtig die Kunst ist, und zwar alle Künste
wie Film, Musik, Bücher
Malerei, Poesie und Spiele.
Denn was sonst willst du machen zuhause?
Wie willst du durchhalten ohne all das?
Wie wäre das Leben ohne, unsere Seelen
sonst?

Wir haben dieses Jahr zuhause gehockt
mit steigendem Verlangen
nach der Pandemie nur noch in Cafés zu sitzen.
Und selbst wenn wir nie dort waren
unbedingt ins Ballett, Musical, die Oper
ins Theater zu stürzen
und in Rockkonzerte
mit mindestens 100000 Menschen.
Wir hatten plötzlich den dringlichen Wunsch

alle Museen des Landes zu besuchen.
Wir dürsteten nach Kontakten
dürsteten nach Menschen
nach Leben.

Wir haben dieses Jahr zuhause gehockt
und dachten
so ein Ausversehen-auf-der-Straße-angerempelt-werden
das war gar nicht mal so schlecht
das waren gute Zeiten.

Wir haben in diesem Jahr
Menschen in Italien und aus aller Welt
aus Fenstern singen und musizieren gesehen.
Menschen weltweit, haben von Balkonen
und aus Fenstern applaudiert
haben ihre Lichter an- und ausgeknipst
für Menschen vom Gesundheitswesen
für jene in *systemrelevanten* Berufen.

Wir haben dieses Jahr verwundert festgestellt
dass Dichterinnen und Künstler
trotz eifriger Arbeit und wenig Freizeit
keine Rücklagen haben und dass sie
von Heute auf Morgen
in der Gosse landen können.

4.

Wir haben in diesem Jahr gelernt
was wichtig ist
nämlich die einfachsten, simplen Dinge
eine Mundspülung, eine schlichte Zahnbürste
eine Packung Schmerzmittel als Reserve
und dass man notfalls auch mit geriebener Seife
Wäsche waschen kann
und sich selbst dazu.

Wir haben in diesem Jahr
Menschen verschiedener Wohnungen
beim gemeinsamen Filmeschauen gesehen
indem einer den Film über Beamer
auf die gegenüberliegende Hauswand projizierte.

Wir wurden in diesem Jahr überrascht
haben doch manch Politiker mit Gefühlsregung
und Fürsorge
zum Volk sprechen sehen
und wussten nicht, dass dies möglich ist.

Wir wurden in diesem Jahr überrascht
haben doch manch Politiker mit Gleichgültigkeit
und Verharmlosung
zum Volk sprechen sehen
und wussten nicht, dass dies möglich ist.

Wir haben in diesem Jahr
manch Online-Veranstaltung besucht
mindestens eine Lockdown-Lesung gesehen
oder selbst aufgezeichnet
eine Wohnzimmer-Lesung also
bei der man nicht selten Bücherregale sah
weil es sonst nicht viel zu sehen gibt
in Autorenwohnungen.

Wir haben in diesem Jahr
die Wohnungen der Musiker gesehen
und manchmal auch ihre Socken
den Teppich und die Spülmaschine
die sie erfreulicherweise haben.

Wir haben in diesem Jahr gelernt
wie man sich die Hände wäscht
und dass der Mensch den Menschen braucht.

Alleine nämlich funktioniert es nicht.

5.

Wir haben in diesem Jahr gelernt
wie man sich die Hände wäscht
nämlich zwei Happy-Birthday-Songs lang
und einschließlich Handrücken
zwischen den Fingern
und unter den Fingernägeln.

Wir haben in diesem Jahr gelernt
dass der Notstand über Nacht kommt
unangemeldet
plötzlich vor der Tür steht.
Eben hast du noch Futter in den Napf geschüttet
und schon ist Ausgangssperre.
Eben hast du noch dein Fahrrad aufgeschlossen
eine Kurznachricht gesendet
die Wäsche von der Leine gehängt
eben hast du noch eine Donauwelle bestellt
hat dich jemand auf der Straße angelächelt
eben hast du noch
5 Teile in die Umkleide getragen
und schon bist du Hauptdarsteller*in einer Pandemie.

Die Lektion dieses Jahres lautete:
dass sich Billigproduktion und Konsumwahn
dass sich Unrecht, die der Kinderarbeit
und Billigarbeitender

früher oder später unabwendbar rächt.
Nicht zuletzt an unserer eignen Haut.
Und dass jedes Land für den Notfall
auf sich selbst geworfen ist
auf jede Ausnahmesituation
vorbereitet sein muss.

Wir haben gelernt, dass Unabhängigkeit
stets eine gute Sache ist.
Und ein Land Lebenswichtiges immer selbst
produzieren können muss.

Wir haben in diesem Jahr
nachgeschaut, ob wir sicherheitshalber
auch Kerzen zuhause haben
– nicht der romantikkeitshalber.

Wir hatten in diesem Jahr zu wenig Atemgeräte
die Krankenhäuser aller Länder rüsteten nach.
Wir hatten in diesem Jahr zu wenig Särge.
In diesem Jahr wurden Massengräber ausgegraben
wir hatten zu wenig Friedhöfe.
In den Leichenhallen war kein Platz mehr
sie haben unseren Leichnam in Kühllaster aufgeladen.
Wir konnten in diesem Jahr keinen Abschied nehmen
von unseren Liebsten.

Wir starben dieses Jahr alleine.

6.

Wir haben in diesem Jahr gelernt
wie man sich die Hände wäscht
nämlich mindestens 20 Sekunden und eingeschäumt.
Und gingen wir als Ärzte in die OPs
dann bis hin zu den Ellenbogen.

Wir haben dieses Jahr mit großen Augen
und offenen Mündern
Nachrichten gehört
und Pressemitteilungen gelesen.

»Im Iran ist das Horten von Atemschutzmasken und
Vorräten mit der Todesstrafe belegt worden. Dort ha-
ben sich mittlerweile rund drei Dutzend Regierungs-
beamte infiziert. Es herrsche Chaos und Angst, be-
richtet ein Arzt in der New York Times.«

»Die Zahl der bestätigten Infektionen sei innerhalb
von 24 Stunden um 1028 auf 21638 gestiegen.«

»In Teheran haben wegen der Corona-Krise ab Sonn-
tag außer Apotheken und größeren Supermärkten alle
Geschäfte geschlossen.«

»500 Tote binnen 24 Stunden – Eislaufbahn in Madrid
wird zur Leichenhalle«

»Wo normalerweise Kinder Schlittschuhe laufen, stapeln sich jetzt Särge.«

»103-Jährige überlebt Coronavirus«

Wir haben dieses Jahr bitterlich erfahren
dass staatliche Krankenhäuser
nicht privatisiert werden sollten
und dass der Notstand über Nacht kommt
unangemeldet
plötzlich an die Tür klopft.

Wir sollten in diesem Jahr gelernt haben
dass Gesundheit und Lebenszeit das größte Gut ist
dass dies, was es auch koste
politisch und gesellschaftlich zu schützen gilt.

7.

Wir haben in diesem Jahr teilgenommen
an der Corona-Pandemie.
Wir zogen dieses Jahr alle das gleiche Los.
In unseren Glückskeksen stand dieses Jahr
dasselbe.

Eine Lektion lautete in aller Klarheit:
Alle Wildtiermärkte müssen sofort schließen!
Alle Orte, in denen Tiere zusammengepfercht sind!
Alle Orte, in denen Tiere in ihrem Blut
tot oder lebendig
mit toten oder ängstlichen Augen
in rostige, blutvertrocknete Käfige gesperrt sind
müssen
schließen!

Wie eine Ohrfeige schlug uns die Wahrheit ins Gesicht
dass die Welt, die Natur aufblüht ohne uns.
Nach und nach trauten sich wilde Tiere
weltweit auf die sonst bevölkerten Plätze.
In Venedig schwankten Gondeln und Boote
auf kristallklarem Wasser.
Zu Besuch kamen nun Fische, Delfine, Schwäne.
In Japan wagten sich Hirsche tief in die Städte.
Derartige Bilder erreichten uns zum Verlieben, Bilder
wie aus guten Disney-Filmen.

Wie eine Ohrfeige schlug uns die Wahrheit ins Gesicht
dass die Welt, die Natur aufblüht ohne uns
einfach nur durch unser Fortbleiben.
Wir waren ihr völlig gleichgültig
und es war besser, wenn wir nicht
aus unseren Wohnungen hinausgingen.
Wir fühlten uns wie Bestien
während wir hinter unseren Fenstern standen.

In diesem Jahr saßen wir zuhause
nahmen den Kopf zwischen die Hände
und weinten.

Wir haben in diesem Jahr gelernt
dass jedes Vergehen, jede Tierquälerei
jede Untat und Ungerechtigkeit
jeder Krieg, selbst die am Ende der Welt
sich immer, bei jedem von uns
rächen wird.
Dass die Gerechtigkeit immer
bei jedem einzelnen von uns
vorbeischaut und nach Rechenschaft fragt.
Und sind wir gerade nicht zuhause
geht sie eine Tür weiter, zu unseren Nächsten
Liebsten
und holt dort, was es zu holen gibt.

Wir haben dieses Jahr hoffentlich und endlich gelernt
dass wir kein Recht haben
ins Lebensgebiet der Tierwelt einzudringen
dass es niederträchtig ist, Lebewesen zu quälen

sie auszubeuten, zu töten.
Wir werden dieses Jahr hoffentlich gelernt haben
dass Massentierhaltung zu verabscheuen ist
dass Wet markets zu bekämpfen sind
dass das Eindringen in den Lebensraum der Tiere
und zwar aller Tiere, falsch ist.
Wir werden dies gelernt haben
leider nicht, weil wir empathiefähig sind
sondern weil wir begreifen mussten
dass Fleisch und Tierprodukte
Grund sind für Pandemien und unheilbare Krankheiten.

Wir werden ab diesem Jahr
mehr Veganer und Vegetarier auf der Erde haben.
Sie alle sind jetzt schon: herzlich willkommen.

8.

Wir haben in diesem Jahr gelernt
wie sich der Notstand anfühlt
und was Shutdown bedeutet.

Wir haben in diesem Jahr gelernt
was wichtig ist
nämlich die einfachsten, simplen Dinge
eine feste Umarmung
Sonnenstrahlen, notfalls Vitamin D
viel Wassertrinken
für die Gesundheit, für Haut und Haar
und die Freiheit, auf einer beliebigen Parkbank
zu sitzen, neben einem Fremden.

Wir standen in diesem Jahr
inmitten einer Kreuzung
standen inmitten der Pandemie und fühlten
ab hier ist ein Wendepunkt.

Auf den Straßen fuhren keine Autos
auf den Meeren fuhren keine Schiffe
es flog kein Flugzeug mehr über uns.
Alles wurde gesperrt und abgeriegelt.
Nie zuvor hatten wir in den Städten
Gezwitscher jemals so deutlich vernommen
die Vögel sangen Freudeshymnen.

Wir haben in diesem Jahr erlebt
dass die Natur stärker ist als der Mensch
und dass sie sich wehrt.
Wir haben verstanden, dass Wahres liegt im Satz:
Wie du in den Wald hineinrufst, so schallt es heraus.
Und im Satz: Du erntest, was du säst.

Wir wollten in all den Vorjahren nicht
hinsehenhörenverstehen.
Jetzt sitzen wir alleine in unseren Wohnungen
und fühlen.
Und wir, die Fühlenden, wissen
wenn wir nichts unternehmen
wird ein stärkeres Virus kommen
um mehr von uns, schneller zu holen.

Wir standen in diesem Jahr an den Fenstern
und haben die Welt nie zuvor
so menschenleer gesehen.
Wir standen da, um einfach nur irgendwen
vorbeigehen zu sehen.

Wir haben in diesem Jahr gesehen:
Der Welt ist es gleichgültig
wenn über 70000 Menschen
binnen drei Monaten sterben
wir könnten von ihr aus auch ganz wegbleiben.
Sie atmet, erblüht und lebt.
Das ist ein klares Signal, das ist
– zum Schämen.

9.

Wir haben in diesem Jahr gelernt
dass der Notstand über Nacht kommt
unangemeldet
plötzlich da ist.
Eben hast du noch eine Zahnfüllung bekommen.
und schon ist Ausgangssperre.
Eben hast du noch die Schnürsenkel gebunden
im Möbelprospekt geblättert
eben hast du noch
mit dem Stock an die Decke geklopft
und *Ruhe* gerufen
hast in ein Falafel-Sandwich gebissen
eben noch hast du dich glücklich gewogen
und schon bist du Hauptdarsteller*in einer Pandemie.

Wir haben in diesem Jahr beinahe gelernt
dass wir wertvolle Lebenszeit
durch sinnloses, gieriges Konsumieren verschwenden.
dass wir weniger brauchen, um glücklich zu leben
und dass weniger mehr ist.

Wir haben in diesem Jahr gesehen
dass sich das Glück
nicht in der Anzahl der Schuhe versteckt.
Sondern in der Zeit, die man mit den Liebsten teilt
in der Zeit, die man auch für sich selbst hat

um endlich einmal zu sich selbst zu finden
um nach seinem Kern zu schauen, zu sinnieren
und um dadurch wieder zu anderen zu finden.
Wer sich selbst nämlich nicht gefunden hat
der findet auch sonst nichts Richtiges im Leben.

Wir haben in diesem Jahr gelernt
was wichtig ist
nämlich die einfachsten, simplen Dinge.
Wir sind hellhöriger geworden, hoffentlich
und wiederholen zehn Mal am Tag
wie ein Gebet:
Wir wollen nie wieder ein Tier quälen.
Wir wollen nie wieder die Natur beschmutzen.
Wir wollen nie wieder Grund sein für Menschensterben.
Und wo wir schon einmal angefangen haben:
Wir werden der Zigarettenindustrie
den Kampf ansagen.
Und: Die Bäume sind die Lunge der Erde.

Wir haben in diesem Jahr gelernt
wie man Quarantäne schreibt
und dass der Notstand über Nacht kommt
unangemeldet
plötzlich da ist.
Du öffnest die Tür und da steht die Pandemie
mit gepackten Koffern.

10.

Wir haben in diesem Jahr
unsere Regale geputzt und Schränke ausgeräumt.
Aus den hintersten Ecken holten wir Fotos hervor
entstaubten Erinnerungen.
Wie Bankräuber geisterten wir durch die Straßen
eingemummt liefen wir zum Supermarkt
zunächst mit Schal und Tuch um Mund und Nase.

Wir haben erfahren, was Tröpfcheninfektion bedeutet
und haben das Wort kon-ta-mi-niert
in Silben getrennt.

Was haben wir dieses Jahr desinfiziert.

Wir haben dieses Jahr desinfiziert
unsere Hände und alles, was uns in die Hände fiel
das Handy, die Fernbedienung
die Bankkarte und Haustürschlüssel
den Sitznachbarn und die Luft um ihn herum.
Wir haben dieses Jahr desinfiziert
die Züge, die Flieger, die Einkaufswagen und -körbe
wir haben ganze Straßen und Plätze desinfiziert
und den Paketboten samt der Pakete.
Unseren Haaransatz ließen wir dieses Jahr
wie er war.

Wir haben in diesem Jahr gelernt
wie man sich die Hände wäscht
das ist kein schlechter Anfang.
Und wenn wir klüger sind
lernen wir endlich auch Menschlichkeit.

Teil II

11.

Wir haben in diesem Jahr erlebt
dass der Notstand über Nacht kommt
unangemeldet
plötzlich an die Tür klopft.
Da stehst du nun mit Lockenwicklern
und guckst durchs Guckloch
die Kommode ist noch nicht aufgebaut
die Raten noch nicht abbezahlt
das Kind ist noch nicht geboren
steht der Notstand vor der Tür
und horcht.

Wir haben dieses Jahr das Fieberthermometer
aus dem Medizinschrank geholt
und eine Zusatzpackung Binden
aus der Drogerie heimgetragen.
Wir haben Fotoshootings abgesagt und Arzttermine
haben Hochzeiten und Blinde Dates verschoben.

Wir haben dieses Jahr die Wohnungen
unserer Künstler gesehen
die der Wissenschaftler und Politiker
die wir sonst nicht gesehen hätten.
Unser Leben verlagerten wir
auf Videokonferenzen.

Wir haben dieses Jahr gelernt
dass es für nichts eine Garantie gibt
dass es immer schlimmer kommen kann
als es gerade ist.
Vorhin noch hast du deine letzten Lebenstage
mit der Familie im Urlaub verbringen wollen
und plantest die eigene Beerdigung
schon musst du mit Infektionsfurcht
deine letzten Tage zuhause verbringen
und trauerst, weil zu deinem Begräbnis
nur eine begrenzte Anzahl an Menschen darf.

Wir durften dieses Jahr
keine älteren Menschen besuchen
die Oma nicht, den Großvater
die Mutter nicht, den Vater
und auch nicht die Großtante.
Pflege- und Seniorenheime waren untersagt.
Wir durften einander nicht umarmen in diesem Jahr.
Der Welt fehlten in diesem Jahr
Intensivbetten und Beatmungsgeräte.

Wir haben dieses Jahr keine Luft bekommen.

12.

Wir haben in diesem Jahr
mit offenem Mund das Weltgeschehen beobachtet
haben ein Stück weißes Tuch aus unseren
Herzen gerissen
ans Nudelholz gebunden
und aus dem Fenster gestreckt.

Wir haben die Flaggen unserer Gleichgültigkeit
auf Halbmast gesetzt.

Wir saßen dieses Jahr weltweit
wie festgefroren vor den Fernsehern
und lauschten den Staatsoberhäuptern.
Wir sahen dieses Jahr historische Bilder
die wir sonst nur aus Apokalypse-Filmen kannten.
Der Papst stand in Rom am menschenleeren Petersplatz
und sprach den Segen *Urbi et orbi*
Lkws der Armee transportierten Corona-Tote aus Bergamo
örtliche Friedhöfe waren überfüllt in diesem Jahr.

In Trauerhallen häuften sich immer neue Särge
die darauf warteten, aufgeladen zu werden.
Das einzige Krematorium der Stadt in der Lombardei
konnte, obwohl es Tag und Nacht in Betrieb war
die Leichen der vielen Opfer nicht mehr aufnehmen.
Wir sind dieses Jahr mit erschreckenden Bildern

durch den Tag gegangen
und fast alles wurde lächerlich und verlor an Bedeutung
in Anbetracht dieser Geschehnisse.

Wir haben dieses Jahr mit großen Augen
und offenen Mündern
Nachrichten gehört
und Pressemitteilungen gelesen.

»Kuba hat am Sonntag ein Ärzteteam nach Italien
geschickt, das die italienischen Kollegen bei ihrem
Kampf gegen das Coronavirus unterstützen soll.«

»Das bedeutet, dass nicht nur das duftende 4711 desin-
fiziert, sondern theoretisch auch jedes andere Parfüm
und jeder Alkohol, der hochprozentig genug ist. Weil
das so ist, hat zum Beispiel die Regierung in Liechten-
stein die Bevölkerung aufgerufen, Schnaps zu spen-
den, um Desinfektionsmittel herstellen zu können.«

»China hat mit drei Schweigeminuten der Toten durch
das Coronavirus gedacht. Landesweit heulten Sirenen,
zudem hupten Autos und Schiffe ließen ihre Hörner
ertönen.«

»7 der 20 Kollegen aus der Kardiologie im La-Paz-
Krankenhaus haben sich angesteckt, einige liegen in
kritischem Zustand in ihrem Krankenhaus. Sie sind
keine Ausnahmen: Über 18000 Ärzte und Pfleger ha-
ben sich angesteckt. Das große Problem ist die fehlen-
de Schutzausrüstung.«

»Noch am 1. März hatte Boris Johnson gemeldet, das Virus werde sich zwar ›aller Wahrscheinlichkeit ein bisschen weiter ausbreiten‹. Aber Britanniens staatliches Gesundheitswesen sei ›in der Lage, damit fertigzuwerden‹. Zwei Tage später berichtete der Regierungschef stolz, dass er noch immer überall die Hände schüttele. Selbst nach dem ersten britischen Todesfall beteuerte Johnson, es gelte der Leitsatz: ›Business as usual.‹

[...]

Der nagende Verdacht verstärkte sich, als Johnsons rabiater Chef-Stratege Dominic Cummings mit den Worten zitiert wurde, Priorität müsse ›dem Schutz der Wirtschaft‹ zukommen – und es sei ›halt Pech, wenn das bedeutet, dass ein paar Rentner draufgehen dabei‹.«

»Auch Prinz Charles und Boris Johnson infiziert.«

»Die Queen ruft die Briten zur Selbstdisziplin auf.«

»Boris Johnson begibt sich erneut in Corona-Quarantäne.«

13.

Wir haben in diesem Jahr gelernt
dass wir uns nicht ins Gesicht fassen sollen.
Und weil wir das nun wissen
juckt uns ständig die Nase
wir wollen unbedingt am Auge reiben.

Wir haben dieses Jahr gesessen
in unserem Zuhause
wenn es ein Zuhause gab
wir haben gesessen auf der Straße
wenn es kein Zuhause gab.

Wie DAX-Kurse schauten wir uns täglich
Infektions- und Todeszahlen an.
In diesem Jahr zerschellte unser Herz
in viele Stücke.
Die Hoffnung fegte sie zusammen und legte sie
jeden Morgen erneut an unsere Haustüre.

In diesem Jahr rief jemand ganz laut *STOP*
und wir stoppten jede Tätigkeit.
Die Autos hielten an, die Züge
die Menschen kamen aus den Schwimmbädern
und Meeren heraus.
Wir ließen den Abwasch stehen
mit Schürze und geschäumter Hand

und dann verriet uns jemand:
Du bist ein winziges Teilchen
eines riesigen Planeten.
Da standen wir nun und wussten nicht
wie das zu verstehen ist
und wohin mit uns allen.

Wir haben in diesem Jahr teilgenommen
an der Corona-Pandemie.
Gate 2 am Frankfurter Flughafen wurde geschlossen
die Busse in Großstädten fuhren nur noch stündlich
Strände und Spielplätze wurden abgesperrt
wir hatten in diesem Jahr Waffenruhe
Gebäude wurden umgewandelt in Krankenhäuser
Gebäude umgewandelt in Totenlager.

Wir haben in diesem Jahr festgestellt
dass wir nicht sonderlich zivilisiert oder
fortschrittlich sind.
Es fehlten uns die einfachsten Dinge:
Atemschutzmasken, so dass Arztpraxen
schließen mussten
und das Herz am rechten Fleck:
18 000 Flüchtlinge harrten
unter unmenschlichen Bedingungen
an Landesgrenzen aus.

Wir haben in diesem Jahr
Abstand gehalten in alle Himmelsrichtungen.
Der Frühling begann ohne uns da draußen
Ostern und Bayram gab es ohne uns.

Die Messen fanden nicht statt
die Hotels wurden geschlossen.
Wir haben dieses Jahr Brote und Plätzchen gebacken
und haben zugenommen.
Uns sind die Hefen ausgegangen in diesem Jahr
die Nerven und die Geduld.

14.

Wir haben in diesem Jahr erfahren
dass der Notstand über Nacht kommt
unangemeldet
plötzlich da ist.
Du öffnest die Tür und da steht die Pandemie
mit Rucksack und
Trolley.

Wir haben die Ellenbogen nie zuvor
so oft benutzt wie in diesem Jahr
für Aufzugtasten
für Knöpfe der Busse und Verkehrsmittel
für Klingel und Desinfektionshebel
für Seifenspender und Wasserhähne.
Und die ganz Geschickten unter uns
haben Türgriffe bedient.
Wir haben uns in diesem Jahr online verabredet
und über Videotelefonie zugewinkt.
Wir haben gefragt
ob noch jemand einen Sprüher
Desinfektionsmittel will.

In diesem Jahr haben wir Veranstaltungen
auf gut Glück geplant, auf gut Glück umgeplant
und unglücklich abgesagt.
Wir haben in diesem Jahr

viel erlebt und wissen nicht recht wohin
später mit den Narben.

Wir haben in diesem Jahr gelernt
dass Dummheit, Gier und Egoismus
tief im Menschen sitzen.
Und dass die Mehrheit lebt
ohne selbst nachzudenken.
Kopfschüttelnd saßen wir dieses Jahr
in unseren Wohnungen
die zu Arbeitsstellen wurden.

Es soll nicht umsonst gewesen sein
der Tod unserer Menschen, an deren Gräbern
wir nicht zu Genüge weinen konnten.

Auch in diesem Jahr lernten wir
dass der Mensch per se
dass der Mensch, was auch geschehe
was es auch koste, schier
nichts lernt.

Wir haben in diesem Jahr gut durchgehalten
trotz Verschwörungstheoretiker
trotz Aluhüte
und manch Entscheidungsträger.
Wir haben in diesem Jahr gut durchgehalten
trotz Isolation und Depression
trotz Angst und Ungewissheit.
Das muss man uns hoch anrechnen
und darum will ich alle

die diese Zeit erlebten (und noch erleben)
in diese Verse aufnehmen
loben, anerkennen.

15.

Wir haben in diesem Jahr
mit offenem Mund das Weltgeschehen beobachtet
haben ein Stück weißes Tuch aus unseren
Herzen gerissen
ans Nudelholz gebunden
und aus dem Fenster gestreckt.

Wir haben die Flaggen unserer Gleichgültigkeit
auf Halbmast gesetzt.

Wir verschenkten in diesem Jahr
Stoffmasken, FFP2-Masken und Desinfektionsmittel
an unsere Liebsten.
Wir trugen Masken in allen Farben und Sprüchen
mit regionalen Motiven, mit Mannschaftslogos
mit Smileys, Kussmund, Bärten und Schnurhaaren
wir haben geschaut, was für Masken andere so tragen
und haben so manchem innerlich applaudiert.

Zusammenhalten trotz bedrückender Ausgangssperre
Ermutigen, Stärken, das war auch
unsere Devise.

Wir haben in diesem Jahr einen Weckruf erhalten
und das Klingeln unserer Wecker hörte nicht auf
so oft wir auch auf die Knöpfe drückten
so oft wir sie auch gegen Wände warfen.

Während wir Infektionsketten unterbrachen
haben wir Bücher gelesen, gezappt, gebohrt, genäht
und sind dem anderen auf den Keks gegangen.
Wir haben auch festgestellt
dass wir zu viele Kleider haben, die wir nicht tragen.

Wir haben uns in diesem Jahr die Hände
wundgewaschen
unsere Finger-Hohlräume waren ausgetrocknet
in diesem Jahr.

In den Schulklassen haben wir
die Stühle auf die Tische gestellt
und die Klassenzimmertüren abgeschlossen.
Wir haben Museumstüren abgeriegelt
und haben Sendungen aufgezeichnet
vor leeren Stühlen.
In diesem Jahr zerschellte unser Herz
in viele Stücke.
Die Hoffnung fegte sie zusammen und legte sie
jeden Morgen erneut an unsere Haustüre.

Ganz Mekka war leer
der Louvre war leer
Disney World war leer.

Wir haben unsere Wäsche bei 60° gewaschen
und gaben reichlich Essig dazu.
Wenn wir TV geschaut haben
sahen wir links oben das Zeichen:
#zusammenhalten

Wir haben in diesem Jahr gelernt
vor den Geschäften Schlange zu stehen
bis wir hineingewunken wurden.
Wir haben vergessen, wie es war
in die Läden zu treten
ohne dass jemand daran dachte
wie viele Menschen sich darin befinden.

Wir haben in diesem Jahr gelernt
wie man hustet und niest
nämlich Mund und Nase bedeckt
mit einem Taschentuch
oder notfalls in die Armbeuge.

16.

Was haben wir dieses Jahr gewaschen.

Wir haben dieses Jahr alles gewaschen
was uns in die Quere kam:
den gesamten Einkauf, die Einkaufstüte
den Einkaufenden.
Wir haben dieses Jahr gelüftet
wie es nur ging:
Wohnungen, Büros und Gedanken.

Wir haben dieses Jahr mit großen Augen
und offenen Mündern
Nachrichten gehört
und Pressemitteilungen gelesen.

»Auch kann man in der Tagesschau sehen, wie Kühl-
laster in New York vor Krankenhäusern auffahren,
weil die Zahl der Leichen steigt und steigt.«

»Nach 42 Tagen Corona-Ausgangssperre bot sich am
Sonntag auf den Straßen Spaniens ein fast schon un-
gewohntes Bild: Erstmals waren wieder Kinder zu
sehen. Wer unter 14 Jahre alt ist, darf ab sofort eine
Stunde pro Tag mit einem Elternteil vor die Tür [...]
Weiter als einen Kilometer dürfen sich Eltern und
Kinder aber noch nicht von ihren Wohnungen ent-

fernen. Dennoch: Viele Augen leuchteten über Mini-Masken.«

»Zehntausende Menschen haben am Samstag in Berlin mit mehreren Demonstrationen gegen die Corona-Maßnahmen des Bundes und der Länder protestiert.«

»Unter den 38 000 Demonstranten waren erneut zahlreiche Rechtsextreme und Reichsbürger«

»Das Londoner Sea Life Aquarium hat seine Pinguine während des Teil-Lockdowns in England mit Weihnachtsfilmen bei Laune gehalten. Besucher seien wichtig für die Zoo-Tiere: Die Mitarbeiter des Aquariums seien überzeugt, dass die Tiere die Besucher genauso beobachteten wie die Besucher die Pinguine.«

»Für die Anordnung der dänischen Regierung, massenhaft Nerze auf Pelztierfarmen zu töten, gab es offenbar keine rechtliche Grundlage.«

»Wegen rasant steigender Zahlen hat Moskau eine nächtliche Sperrstunde für Restaurants, Bars und Clubs beschlossen. Sie gilt bis Mitte Januar.«

»Der Vertrag zwischen der EU-Kommission und der Pharmafirma Biontech über die Lieferung des vielversprechenden Impfstoffs ist offenbar ausgehandelt.«

»Die Stadt Dortmund meldet, dass weitere Fälle der
Corona-Mutation in der Stadt nachgewiesen wurden.
Unter anderem sind zwei Kitas betroffen.«

Wir haben in diesem Jahr verstanden
dass zu viel von allem schlecht ist
dass zu viel Zeit mit sich selbst nicht gut ist
dass wir arbeiten wollen
und dass Freiheit bedeutet
jederzeit im Café sitzen zu können
und dass Menschenstimmen
Nachtigallgesang bedeuten.
Und dass auch Unwichtiges wie Dekoartikel
zum Überleben gehören.
Weil wir sonst, wir standen kurz davor
durchdrehen.

In diesem Jahr saßen wir zuhause
nahmen den Kopf zwischen die Hände
und weinten.
Wir fühlten uns abgeschottet und alleine
auch die Stärksten unter uns
erreichten ihre Grenze.

Wir haben in diesem Jahr gelernt
dass der Notstand über Nacht kommt
unangemeldet
plötzlich da ist.
Eben hast du noch Geld abgehoben
und schon ist Ausgangssperre.
Eben hast du noch die Glühbirne ausgewechselt

einen Liebesfilm gestreamt
eben noch hast du Geburtstagskerzen ausgeblasen
zertratst du Glas, während die Menge
Masel Tov rief
eben noch blinkte das Anschnallsignal
über deinem Flugsitz
und schon bist du Hauptdarsteller*in einer Pandemie.

Anmerkungen

S. 8, Einzeltäter:

Antwortgedicht auf Dirk Hülstrunks Gedicht *attentat* (die horen, Bd. 272, S. 14)

S. 28, Wenn du eine Frau bist:

An der Entstehung des Gedichtes wirkten über 150 Teilnehmerinnen mit, die dem Social-Media-Aufruf der Autorin folgten, sich am Gedicht zu beteiligen. In diesem Band befindet sich die Kurzfassung des Gedichtes.

Zum Aufruf-Link: https://bit.ly/3w4aLFk

S. 44, Poesie und Pandemie:

In Deutschland war zu Pandemiebeginn sowie zur
Zeit der 2. Pandemie-Welle Toilettenpapier ausver-
kauft.

Song vom Kardiologen-Team zu sehen und hören u. a.
auf der YouTube-Seite der München Klinik.

Das plötzliche Nichts-mehr-Riechen oder -Schme-
cken, ist eines der weitverbreiteten Symptome für eine
Corona-Infektion.

Niederschrift Abschnitte 1-10:
3.4.-4.4.2020. Mit Unterbrechungen bis zum 6.9.2020

Niederschrift Abschnitte 11-16:
20.11.2020

Der 11. März 2020 ist der Stichtag, an diesem Tag
wurde offiziell die Pandemie erklärt.

Hygieneempfehlungen zur Vermeidung einer Covid-
19 Infektion, Quelle: https://www.infektionsschutz.
de/mediathek/infografiken.html

infektionsschutz.de
Wissen, was schützt.

Infektionen vorbeugen:

Die 10 wichtigsten Hygienetipps

Im Alltag begegnen wir vielen Erregern wie Viren und Bakterien. Einfache Hygienemaßnahmen tragen dazu bei, sich und andere vor ansteckenden Infektionskrankheiten zu schützen.

1. Regelmäßig Hände waschen
► wenn Sie nach Hause kommen,
► vor und während der Zubereitung von Speisen,
► vor den Mahlzeiten,
► nach dem Besuch der Toilette,
► nach dem Naseputzen, Husten oder Niesen,
► vor und nach dem Kontakt mit Erkrankten,
► nach dem Kontakt mit Tieren.

2. Hände gründlich waschen
► Hände unter fließendes Wasser halten,
► von allen Seiten mit Seife einreiben,
► dabei 20 bis 30 Sekunden Zeit lassen,
► unter fließendem Wasser abwaschen,
► mit einem sauberen Tuch trocknen.

3. Hände aus dem Gesicht fernhalten
► Fassen Sie mit ungewaschenen Händen nicht an Mund, Augen oder Nase.

4. Richtig husten und niesen
► Halten Sie beim Husten und Niesen Abstand von anderen und drehen sich weg.
► Benutzen Sie ein Taschentuch oder halten die Armbeuge vor Mund und Nase.

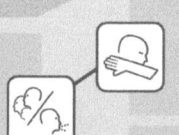

5. Im Krankheitsfall Abstand halten
► Kurieren Sie sich zu Hause aus.
► Verzichten Sie auf enge Körperkontakte, solange Sie ansteckend sind.
► Halten Sie sich in einem separaten Raum auf und benutzen Sie wenn möglich eine getrennte Toilette.
► Benutzen Sie Essgeschirr oder Handtücher nicht mit anderen gemeinsam.

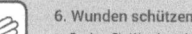

6. Wunden schützen
► Decken Sie Wunden mit einem Pflaster oder Verband ab.

7. Auf ein sauberes Zuhause achten
► Reinigen Sie insbesondere Küche und Bad regelmäßig mit üblichen Haushaltsreinigern.
► Lassen Sie Putzlappen nach Gebrauch gut trocknen und wechseln sie häufig aus.

8. Lebensmittel hygienisch behandeln
► Bewahren Sie empfindliche Nahrungsmittel stets gut gekühlt auf.
► Vermeiden Sie den Kontakt von rohen Tierprodukten mit roh verzehrten Lebensmitteln.
► Erhitzen Sie Fleisch auf mindestens 70 °C.
► Waschen Sie Gemüse und Obst gründlich.

9. Geschirr und Wäsche heiß waschen
► Reinigen Sie Ess- und Küchenutensilien mit warmem Wasser und Spülmittel oder in der Spülmaschine.
► Waschen Sie Spüllappen und Putztücher sowie Handtücher, Waschlappen, Bettwäsche und Unterwäsche bei mindestens 60 °C.

10. Regelmäßig lüften
► Lüften Sie geschlossene Räume mehrmals täglich für einige Minuten.

Quelle: Bundeszentrale für gesundheitliche Aufklärung (BZgA) Stand: 2016

Piktogramme Hygienetipps

 Regelmäßig Hände waschen

 Hände gründlich waschen

 Hände aus dem Gesicht fernhalten

 Richtig husten und niesen

 Abstand halten

 Wunden schützen

 Auf ein sauberes Zuhause achten

 Mit Lebensmitteln hygienisch umgehen

 Wäsche heiß waschen

 Regelmäßig lüften

Quelle: Bundeszentrale für gesundheitliche Aufklärung (BZgA) Stand 2017

 infektionsschutz.de
Wissen, was schützt.

Todesfälle in Zusammenhang mit dem Coronavirus (Covid-19) seit Dezember 2019 nach am schwersten betroffenen Ländern (Stand: 15. Februar 2021)

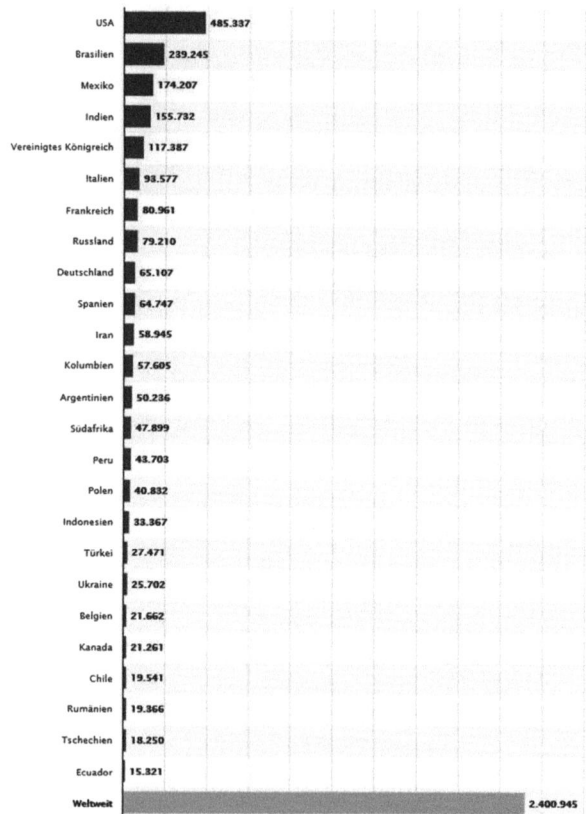

Land	Todesfälle
USA	485.337
Brasilien	239.245
Mexiko	174.207
Indien	155.732
Vereinigtes Königreich	117.387
Italien	93.577
Frankreich	80.961
Russland	79.210
Deutschland	65.107
Spanien	64.747
Iran	58.945
Kolumbien	57.605
Argentinien	50.236
Südafrika	47.899
Peru	43.703
Polen	40.832
Indonesien	33.367
Türkei	27.471
Ukraine	25.702
Belgien	21.662
Kanada	21.261
Chile	19.541
Rumänien	19.366
Tschechien	18.250
Ecuador	15.321
Weltweit	2.400.945

Quelle: Johns Hopkins University
© Statista 2021

Todesfälle in Zusammenhang mit dem Coronavirus
(Covid-19) seit Dezember 2019 nach am schwersten
betroffenen Ländern (Stand: 21. Juni 2021)

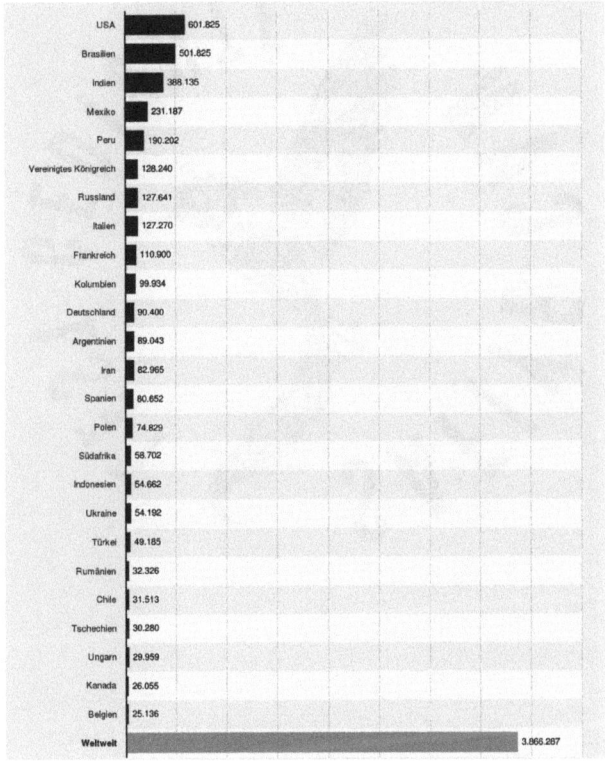

SAFIYE CAN LEST GEDICHTE

Inhalt

Poesie und Pandemie